# Gaspard et Lisa
# L'imagier

Pour Salomé

La fourmi et l'éléphant,
une collection conçue et réalisée
par Anne Gutman et Georg Hallensleben,
imaginée par Pierre Marchand


Loi n° 49-956 du 16 juillet 1949
sur les publications destinées à la jeunesse
Dépôt légal : septembre 2011 - Édition 01
Imprimé en Espagne

hachette
JEUNESSE

ANNE GUTMAN . GEORG HALLENSLEBEN

# Gaspard et Lisa
# L'imagier

la fourmi et l'éléphant

un réveil

un lavabo

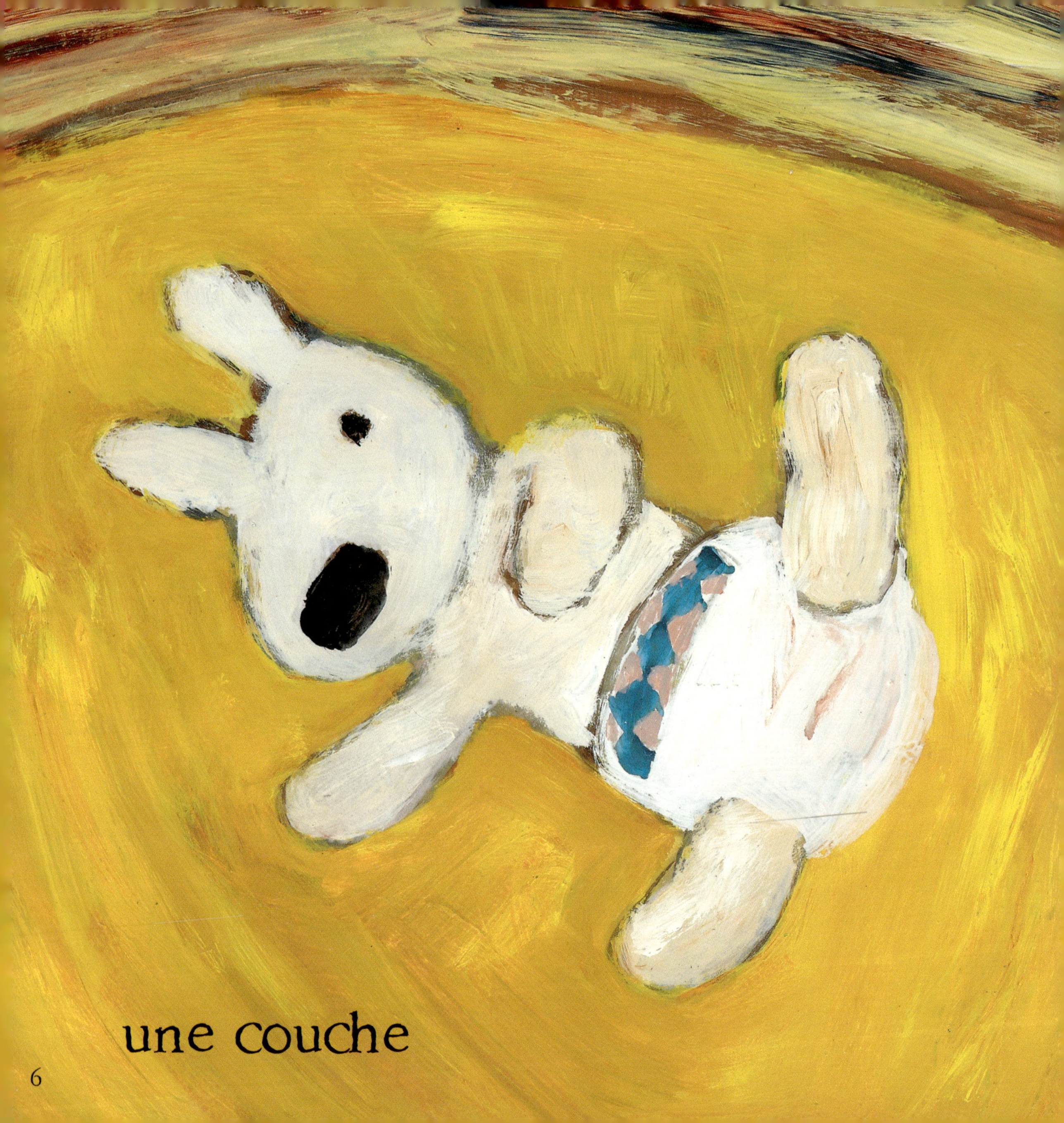

une couche

un bavoir

un parc

un biberon

une cuillère

un bol

du lait

des biscuits

un yaourt

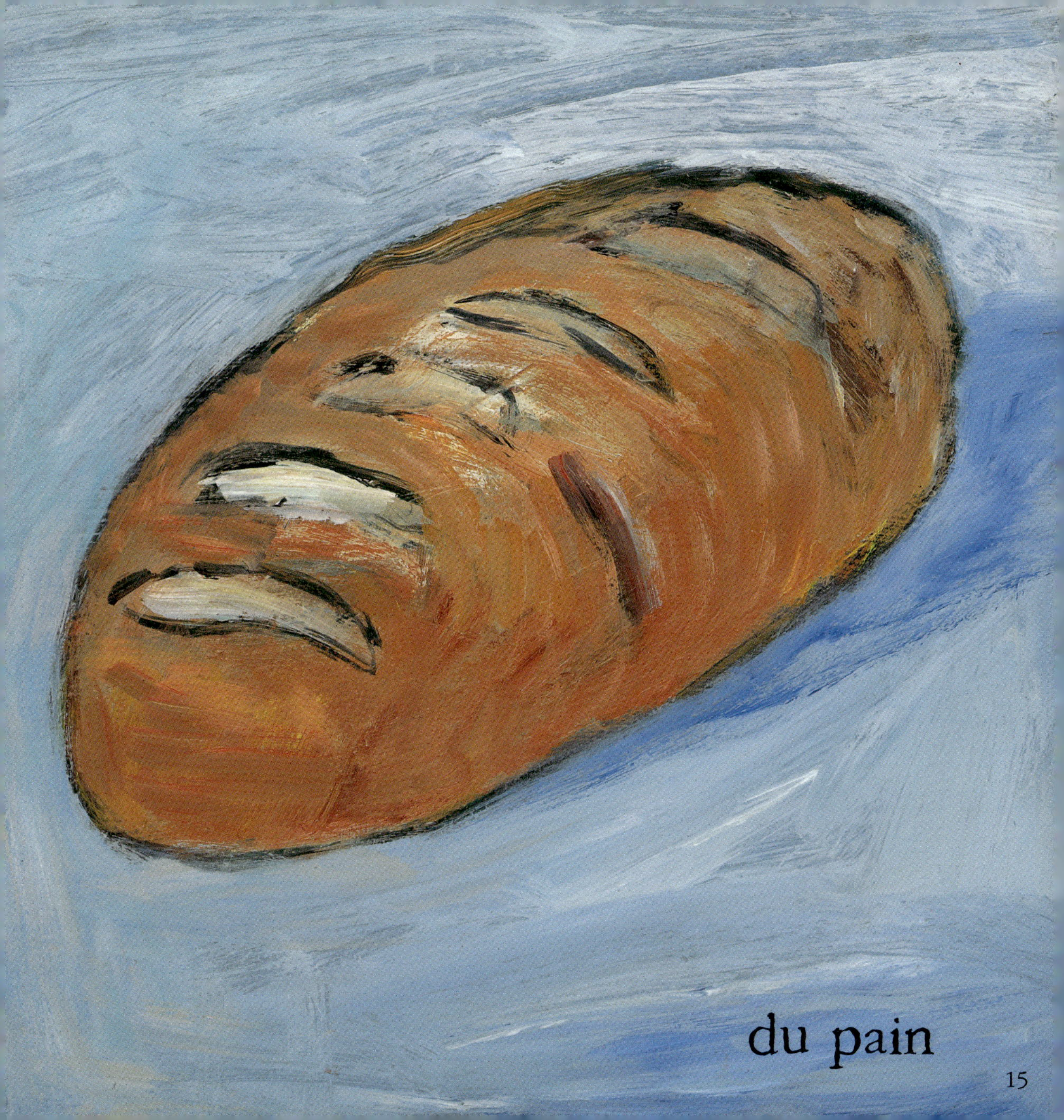

du pain

une cafetière

une tasse

un miroir

une armoire

des chaussettes

des chaussures

un slip et une culotte

un pull

un pantalon

une robe

des moufles

un bonnet

un manteau

une luge

des patins à glace

des skis

un traîneau

un siège auto

une voiture

une caravane

un métro

un tramway

un camion

un bus

un camion de pompiers

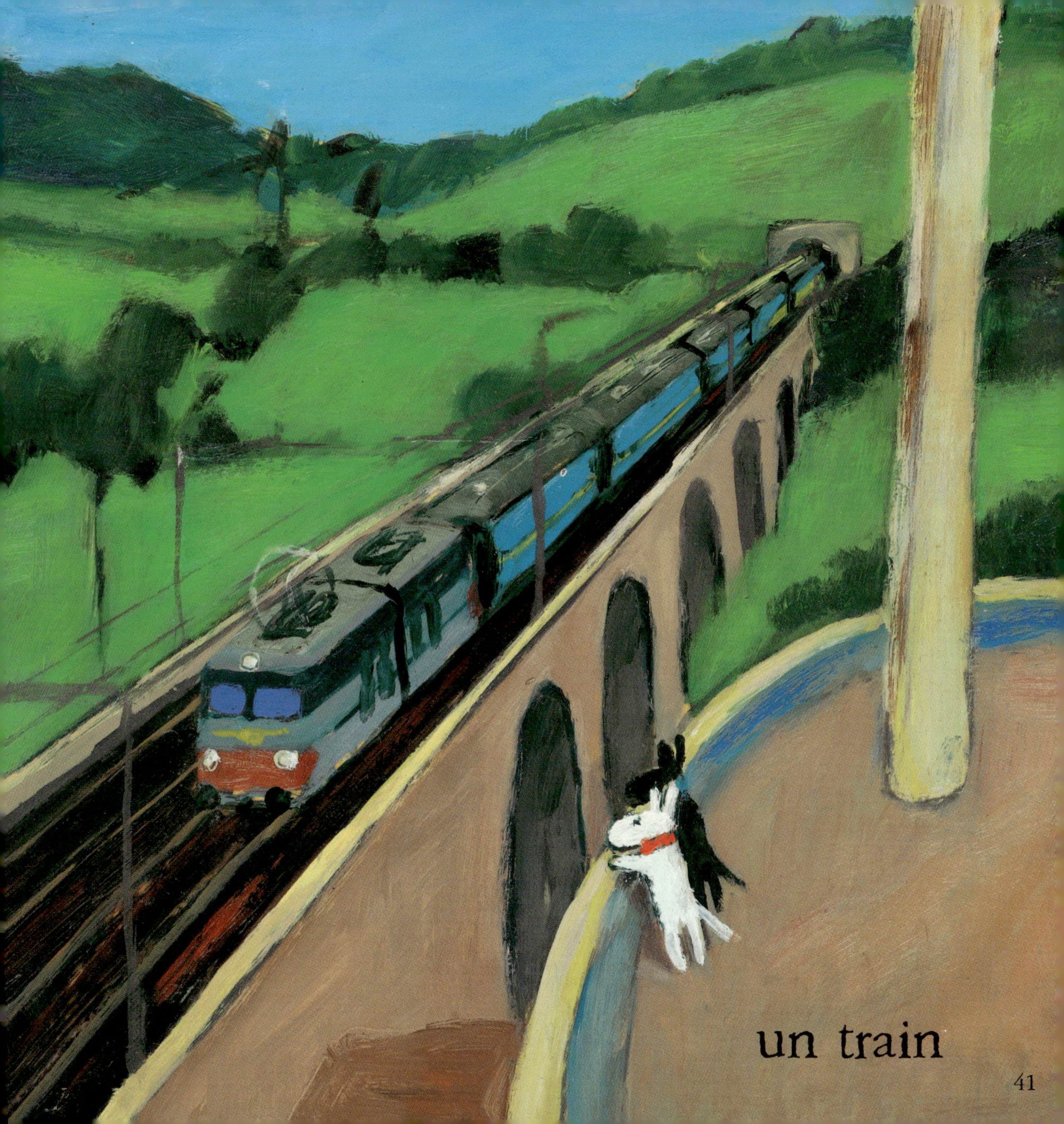

un train

un tricycle

un vélo

une voiture de course

une moto

une planche à roulettes

une trottinette

un landau

une poussette

des barques

un sous-marin

un voilier

un paquebot

un parachute

un hélicoptère

une fusée

un avion

# un dirigeable

une montgolfière

un matelas pneumatique

un seau, une pelle
et un râteau

un maillot
de bain

un appareil photo

des fleurs

un arbre

un parapluie

# une brouette

des rollers

un chariot

des légumes

des fromages

un œuf

des fruits

du chocolat

des bonbons

un gâteau d'anniversaire

des jouets

un toboggan

un manège

une montre

des cartables

des instruments de musique

une guitare

un piano

# des clés

un téléphone

une porte

une fenêtre

un rideau

une télévision

un ordinateur

des ciseaux

une boîte de peinture

des crayons

un bureau

un livre

une vache

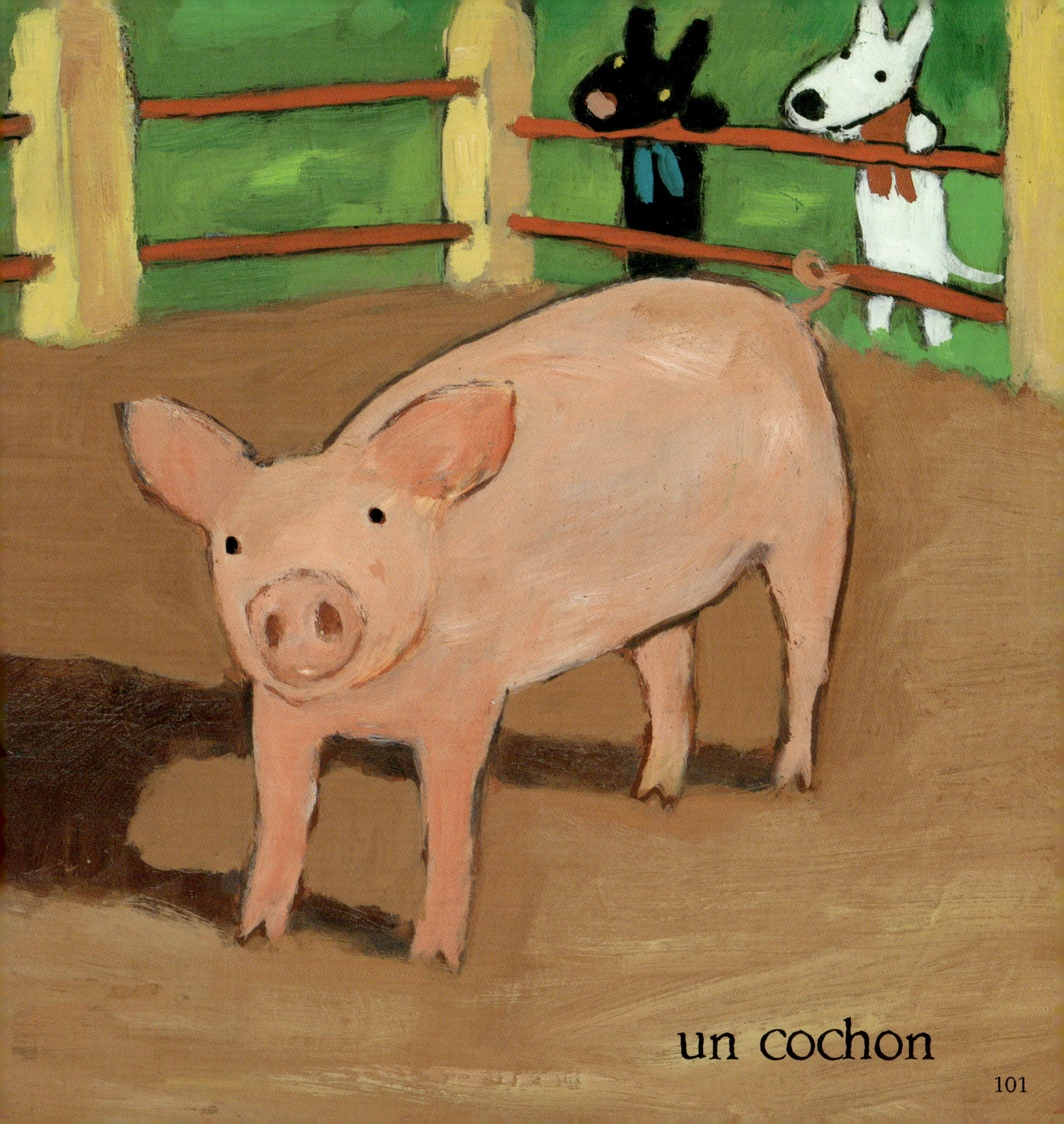

un cochon

un chien

un canard

un lapin

une poule

des chevaux

des moutons

un écureuil

un hibou

un cerf

des cygnes

une abeille

des escargots

une tortue

une grenouille

des papillons

une fourmi

un lézard

des coccinelles

une marmotte

un cochon d'Inde

un loup

un renard

un hérisson

une souris

un crocodile

un lion

un rhinocéros

des tigres

un ours brun

des ours polaires

un léopard

un requin

une pieuvre

un phoque

un dauphin

un perroquet

# des kangourous

un singe

des girafes

des hippopotames

un chameau

des éléphants

des baleines

des zèbres

un serpent

des pingouins

des chats

des poissons

une machine à laver

un drap

un fer à repasser

une lampe

un fauteuil

un canapé

une chaise

# une table

une mappemonde

une commode

un tapis

une nappe

une assiette

un verre

un réfrigérateur

des bouteilles

des passoires

un évier

un couteau

une marmite

une poêle

une cuisinière

une fourchette

un balai

une poubelle

un aspirateur

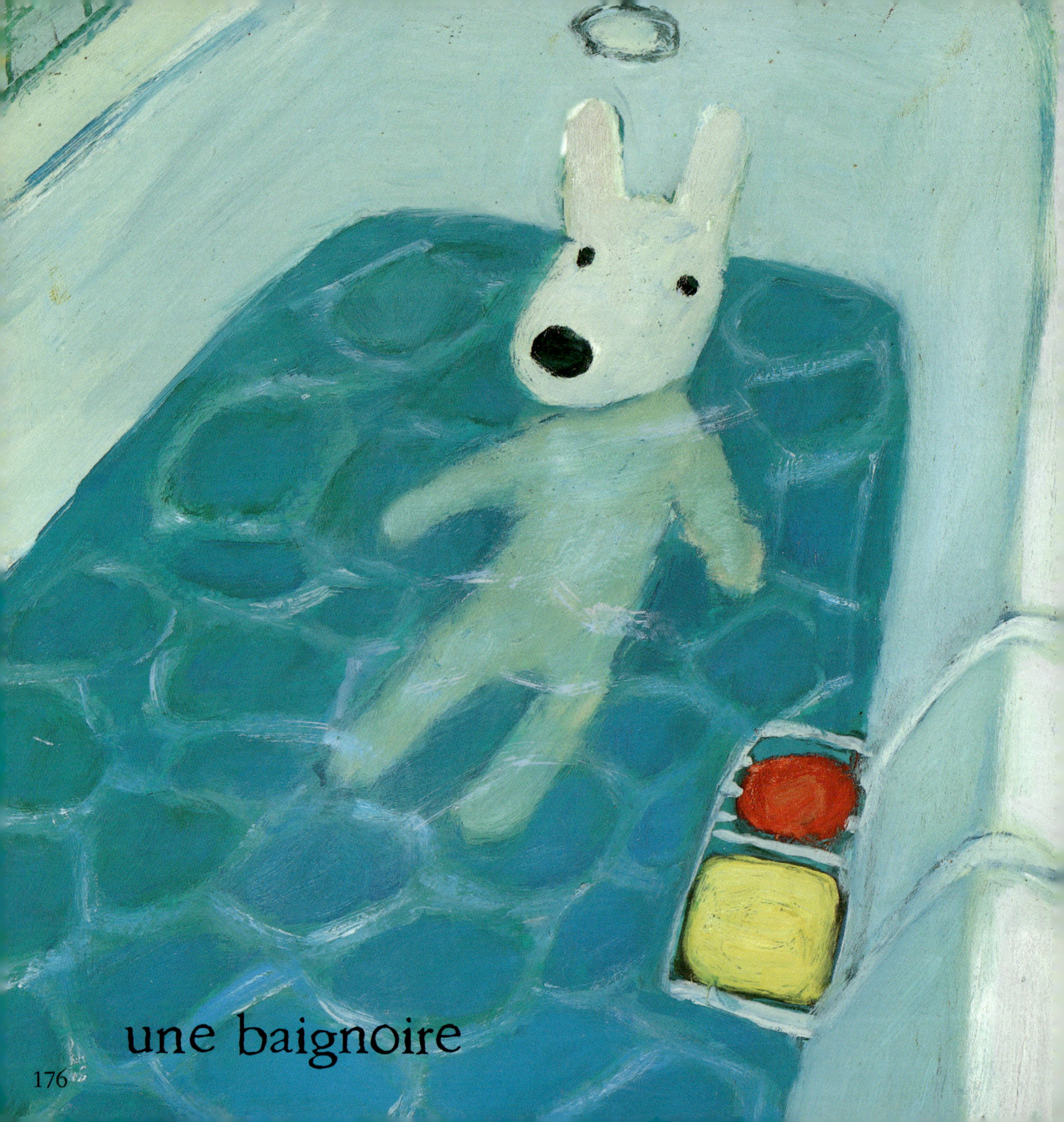

une baignoire

une douche

une serviette

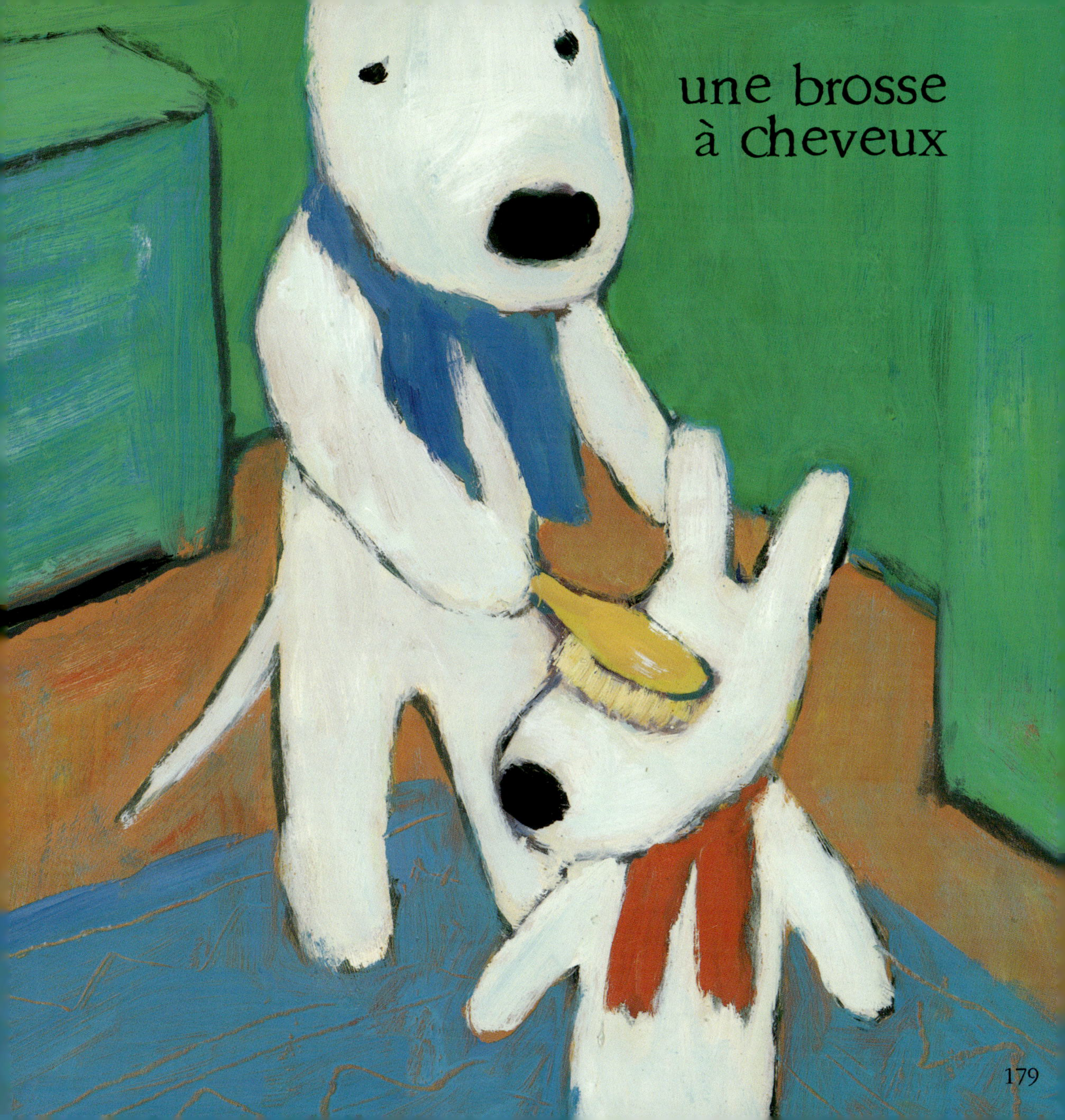

une brosse
à cheveux

un sèche-cheveux

une balance

des éponges

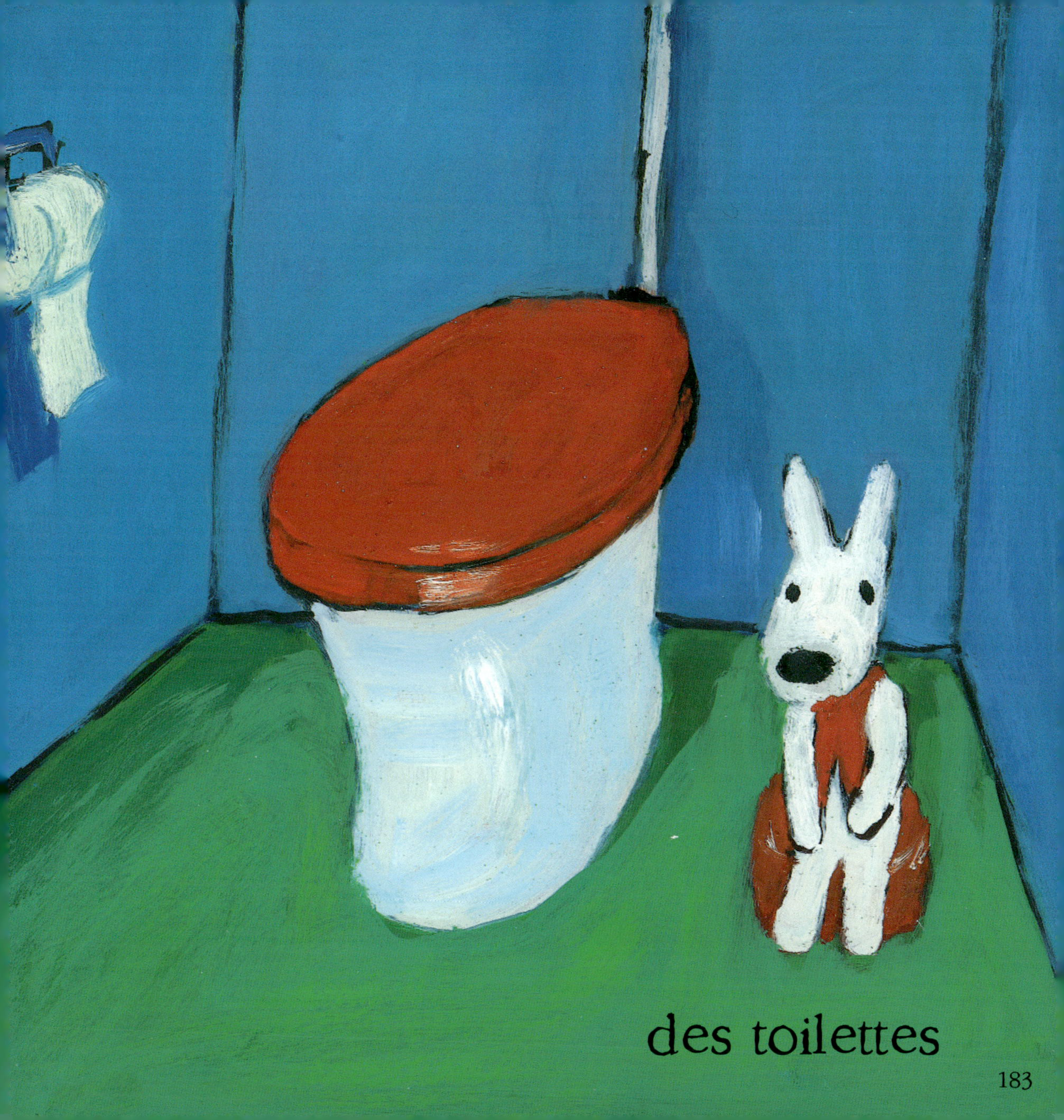

des toilettes

un tube de dentifrice

des brosses à dents

un oreiller

une couverture

un lit
à barreaux

un grand lit

un pyjama

des beaux rêves

# Index